Marketing locale per piccole imprese

in pillole

I segreti del mitico

Dan S. Kennedy

INDICE

PREFAZIONE

Che bestie ci sono dietro la tua porta?

La tua attività sta perdendo la battaglia contro gli shop online? Anche tu hai a che fare con clienti sempre più capricciosi e incostanti? Fronteggi costantemente un aumento dei costi? Probabilmente, avrai provato ad imitare la pubblicità delle grandi aziende su vari media, con scarsi risultati.

Le piccole imprese locali sono un essere speciale; non possono prosperare cercando di replicare quello che fanno le grandi catene.

Le piccole aziende più forti e profittevoli del momento si affidano a quello che Jeff (il mio co-autore) chiama "marketing della porta accanto" (*grassroots* nel testo originale).

È un marketing fatto per strada, creando connessioni dirette quotidianamente nella propria comunità locale. Somiglia un po' al vecchio modo di far politica: si organizzano i volontari, si bussa alle porte, si organizzano eventi, ecc.

Potresti pensare che questo non sia più così importante nell'era del digitale e dei social media, ma non è affatto così. Dunque il mio primo consiglio per i piccoli imprenditori è questo: Ogni mattina comportati come se fossi il candidato sindaco della tua città.

Le piccole imprese locali sono facilmente vittima di bestie di ogni genere, specie se non possiedono abbastanza clienti fidelizzati e affezionati.

Anche nella mia società di consulenza funziona così: l'85% dei miei clienti sono con me da molti anni.

Alla base della mia filosofia, concetto che trasmetto a tutti i miei clienti, c'è che, mentre la maggior parte delle imprese prende un cliente per fare una vendita, noi facciamo la prima vendita per cercare di tenere il cliente nel tempo. L'obiettivo a cui bisogna puntare è la relazione nel tempo, non la vendita fine a se stessa.

Questo vale anche se fai parte di una catena o di un franchising, è importante trattare la propria sede come se fosse una piccola impresa locale, non si può fare affidamento solo sul brand o sulla sua pubblicità a livello nazionale.

In questo libro, prima esamineremo cosa non va con l'uso comune della pubblicità e dei media. Questo è importante per evitare di cadere nel tranello di pubblicizzare ogni volta che si ha bisogno di nuovi clienti, magari copiando quello che fanno i grandi brand.

In seguito, porremo le basi per una strategia specifica per le piccole imprese locali.

Questo non è il classico libro scritto da teorici e accademici staccati dalla realtà.

Fa parte della mia collana "No fuffa" (*No B.S.* nel testo originale) e quindi ci creerà sicuramente un po' di nemici nel settore dell'advertising e forse ti darà anche delle informazioni difficili da accettare. Però, stai pur certo che ti dirà la verità, dura e pura, senza mezzi termini.

Solo i più forti ce la faranno a sopravvivere, perciò questo libro non spiegherà solo come acquisire i clienti, ma ti aiuterà principalmente a rafforzare la tua azienda.

CAPITOLO 1

Ritorno al futuro

Spesso mi fanno questa domanda: "Qual è la pubblicità migliore?". La risposta è che ogni forma di pubblicità può essere efficace e, allo stesso modo, ogni forma di pubblicità può essere un totale spreco di soldi. Dipende da numerosi fattori come il tipo di business, la tua posizione nel mercato, la stagione, ecc. È un po' come chiedere ad un medico qual è la medicina migliore: dipende dal tipo di malattia, condizioni di salute, ecc.

Quello che bisognerebbe chiedersi è: "Qual è il marketing migliore?". La pubblicità è solo una parte del marketing, disciplina che include PR, risposta diretta, sponsor, telemarketing, ecc. Per continuare con l'analogia del medico, le medicine sono solo una delle armi che ha a disposizione; ci sono anche le operazioni chirurgiche, diete, esercizio fisico, ecc.

I media buyer e i pubblicitari amano atteggiarsi a dottori, ma hanno **un solo** trattamento da offrire a tutti, a prescindere dalla malattia. Alla fine del loro trattamento, avrai solo speso soldi senza guarire.

La maggior parte della pubblicità è diventata sempre meno efficace, sembra che le persone siano diventate immuni. Allo stesso tempo, i costi pubblicitari aumentano. Paghi di più per avere di meno.

VERITÀ N.1

La pubblicità non è l'unica risposta al bisogno di clienti o di vendite. Potrebbe addirittura non essere la risposta migliore. La pubblicità che fallisce di più è quella che manca di rilevanza personale per i potenziali clienti.

Gran parte della frustrazione viene dal fatto che si cerca una singola semplice soluzione ad un problema complesso.

Il branding impazzito

Spesso, come abbiamo già accennato, si finisce per copiare i grand brand nazionali e internazionali, perdendosi in dettagli che non hanno il minimo impatto sulle vendite.

Credo che questo sia dovuto al fatto che chi si occupa di marketing pensi più a soddisfare il suo ego per sembrare meglio di ciò che è nella realtà.

Tempo fa, ho collaborato con un piccolo franchising alla creazione di una campagna promozionale per aumentare le vendite. La più grande preoccupazione del direttore marketing era il tipo di font utilizzato.

Per carità, non dico che non sia importante, ma in quella specifica situazione c'erano problemi ben più grossi del font! L'ossessione per i dettagli di immagine delle grandi aziende non è legata alle vendite, ma a fattori come: azionisti, stakeholder, percezioni del mercato. Niente di tutto ciò riguarda le piccole aziende, che hanno bisogno innanzitutto di vendere per campare!

Quindi, in sostanza, l'immagine conta, ma non può dominare il tuo approccio al marketing. Soprattutto, non dovrebbe mai ostacolare le strategie di "marketing della porta accanto" contenute in questo libro.

La pubblicità tradizionale

1. **Giornali.** I lettori dei giornali diminuiscono di anno in anno e, quelli che rimangono, sono sempre più distratti e immuni alla pubblicità. In certi casi, però, può avere ancora senso. La domanda che devi porti è questa: Chi legge quel giornale? Si tratta del tuo cliente ideale?

2. **TV.** Stesso discorso dei giornali. Meno persone la guardano, quindi chiediti sempre se ne vale la pena. Non devi esserci semplicemente perché gli altri ci sono.

3. **Radio.** Scelta complicata; bisogna scegliere la giusta stazione, al giusto momento della giornata, la giusta ripetizione, la giusta durata e il giusto messaggio. Oltre a questi fattori va

considerato anche il CPM (Costo per migliaia). Si tratta di sapere quanto stai pagando per raggiungere 1000 persone dell'audience. Infine, c'è la geolocalizzazione. Molti business locali finirebbero per raggiungere persone troppo distanti, a meno che non si tratti di un'attrazione tipo uno zoo, un ristorante speciale oppure un servizio a domicilio.

4. **Outdoor advertising.** I cartelloni, per funzionare, necessitano di un messaggio dalla semplicità assoluta. Per questo, funzionano meglio con brand nazionali molto riconoscibili. Per tutti gli altri, spesso il costo è superiore al guadagno.

VERITÀ N.2

Non ha senso fare pubblicità sulle pagine gialle o directory varie. Perché mai dovresti mandare i clienti nell'unico posto dove ci sono tutti i tuoi competitor?

Marketing non convenzionale

1. **Internet.** Nessuno può più fare a meno di usare Internet, l'importante è trovare un equilibrio tra l'investimento e il ritorno economico. Un buon sito web può costare molto da creare e va manutenuto

costantemente. Anche la pubblicità online può essere utile, ma è molto costosa, specie se non si sa come usarla o se non si ha una strategia.

2. **Marketing telefonico e telemarketing.** Le attività locali spesso sottovalutano le chiamate in arrivo. Puoi spendere tutti i soldi che vuoi per pubblicizzare il tuo numero di telefono ma, se quando ti chiamano, risponde una segreteria registrata o, peggio, non risponde nessuno, stai facendo uno sforzo inutile. Il primo contatto è quello più critico e al quale bisognerebbe prestare più attenzione.

La vendita

La vendita e il marketing spesso non vanno d'accordo. Un vero marketer, però, vede la vendita come un altro strumento di marketing. In una piccola attività potrebbe non esserci un vero e proprio venditore, ma comunque c'è qualcuno che in qualche modo ricopre questo ruolo. La vendita è lo step finale di tutto il processo di marketing. Tra gli errori di chi non è un vero venditore rientra il mancato follow-up. Talvolta accade che qualcuno ci contatti per chiedere informazioni su un prodotto o servizio, ma poi non viene mai più ricontattato. Grave errore!

Un altro errore che fanno in molti, anche tanti venditori di carriera, è non ascoltare quello che dice il cliente, i suoi bisogni e i suoi dubbi.

Agenzie pubblicitarie

Le agenzie spesso amano pensarsi come un servizio completo: si occupano sia della scelta dei media che della creazione del messaggio. Il problema con delle agenzie locali è che spesso sognano di essere grandi agenzie nazionali. È un business creativo, certo, ma spesso la creatività si mette di traverso, impedendo la creazione di un messaggio efficace e castrando le vendite.

Oltre alle agenzie, ci sono i professionisti, ognuno di loro specializzato nella propria materia: video-maker, compositori di jingle, disegnatori grafici, fotografi. Ognuno di loro cerca, ovviamente, di venderti il proprio servizio, sei tu che devi decidere se ha davvero senso per la tua attività.

P.R.

Sebbene un comunicato stampa e degli articoli possano costare meno della pubblicità classica, c'è un problema: non hai pieno controllo sul messaggio, il giornalista scriverà ciò vuole.

Se riesci a creare una storia che i giornali vogliono condividere autonomamente può essere anche a costo zero, ma non sempre è facile riuscirci. Il vantaggio di una storia sui giornali è che è più credibile rispetto alla classica pubblicità.

Convention, fiere ed esposizioni

Sono un'ottima opportunità che, però, spesso si tramuta in degli eventi molto noiosi. In questi casi, è molto importate pianificare uno svolgimento che preveda anche qualche forma di intrattenimento, altrimenti nessuno ascolterà attentamente il tuo messaggio di marketing. Inoltre, non sottovalutare mai tutti i costi connessi: biglietto, attrezzature in affitto, personale in trasferta, elettricità, ecc.

Gadget brandizzati

Cappellini, tazze, penne e qualsiasi cosa con un logo rientrano in questa categoria. Certo, possono aiutare a ricordare la tua azienda ma, se non fanno parte di una strategia più ampia, sono solo uno spreco di soldi che potrebbero essere più utili spesi in un altro modo.

VERITÀ N.3

Un sacco di soldi vengono sprecati ogni anno da aziende locali per i cosiddetti sponsor. A meno che tu non sappia esattamente cosa stai facendo, non vedrai mai un ritorno sull'investimento (ROI). Quindi, a meno che tuo figlio non sia nella squadra di calcetto, non buttare così i tuoi soldi.

Alcune considerazioni

Spesso c'è così tanta confusione ed ignoranza che consiglio di partire da zero, o quasi. Ferma tutto e cerca alternative in posti dove non lo hai mai fatto.

Metti da parte tutti preconcetti, le preferenze personali, abitudini e guarda con occhi nuovi a ciò che realmente può portarti clienti migliori ad un prezzo più basso, in base alla tua situazione.

Questo potrebbe anche significare tornare al marketing delle origini, mettendo da parte metodi più alla moda e luccicanti e badando più alla sostanza che alla forma.

CAPITOLO 2

Sfruttare un problema a tuo vantaggio

Sempre più persone vengono attratte dagli sconti dei grandi gruppi e delle grandi catene, assottigliando costantemente le fila dei tuoi clienti. Eppure i piccoli business hanno un'arma che nessun grande business potrà mai avere, anche se spesso non la sfruttano abbastanza. Sto parlando della relazione personale con i clienti. Se pensi che alle persone non frega niente di questo, ti sbagli; quasi tutti preferiscono interagire con presone reali e soprattutto vogliono conoscere i proprietari/dipendenti di un'attività.

In breve, più conoscono te e i tuoi dipendenti e più compreranno da te. Per questo motivo mi piace sempre includere qualche dettaglio personale nelle pubblicità che creo per i miei clienti. Anche se sembrano dettagli superflui, in realtà fanno la differenza!

Come avevamo detto nel primo capitolo, non esiste un tipo di pubblicità buono o cattivo, dipende sempre dal contesto e dalla strategia.

Ad esempio, avevamo detto che i cartelloni spesso non hanno un buon ritorno sull'investimento per la brevità del messaggio e il costo elevato della realizzazione. Immagina però uno di quei mezzi brandizzati parcheggiato davanti ad una casa dove stai svolgendo un lavoro, in una zona residenziale, proprio nell'orario in cui tutti tornano a casa. Immagina anche che i tuoi dipendenti siano ben vestiti, con le divise in ordine e che, in caso di richiesta informazioni, siano gentili e mettano in contatto il prospect con un venditore al telefono che spiega tutte le informazioni sul servizio.

Immagina anche che tutte le case della zona ricevano a lavoro finito una serie di lettere con la testimonianza dei loro vicini che spiega quanto si sono trovati bene con te. Beh, in questo caso potrebbe valerne davvero la pena!

In conclusione, qualsiasi media deciderai di usare, fallo come se fosse un'estensione della tua personalità e come ponte per costruire relazioni. Le grandi aziende non possono fare niente di tutto ciò.

VERITÀ N.4

Niente può sostituire le relazioni reali e personali tra azienda e clienti.

CAPITOLO 3

Come pianificare gli investimenti di marketing

Come fai a sapere se il tuo piano marketing sta funzionando? Il primo passo è stabilire qual è il tuo risultato desiderato e tracciare tutto. Dovrai anche essere in grado di calcolare quanto sei disposto ad investire per acquisire ogni singolo cliente e aumentare lo scontrino medio per cliente.

L'importanza del ROI

Il ROI è il ritorno sull'investimento, ovvero il rapporto tra quanto hai speso in marketing e quanto fatturato hai ricevuto in seguito al marketing stesso. Se l'investimento ti è costato X e ha generato Y in vendite, fai X-Y e avrai il tuo ROI.

Quanto vale un nuovo cliente?

Poche attività sono a conoscenza di questo dato,

eppure è fondamentale per pianificare gli investimenti e comprendere meglio il funzionamento della propria azienda.

Per calcolarlo, rispondi a queste domande:

1. Quant'è lo scontrino medio?

2. Qual è la frequenza di acquisto dei tuoi clienti? (ogni giorno, ogni settimana, ogni mese, ecc.)

3. In che percentuale i nuovi clienti diventano abituali?

4. Qual è, in media, la durata del ciclo di vita di un nuovo cliente (la durata del rapporto)? (giorni, mesi, anni?)

5. Quanti nuovi clienti arrivano grazie al passaparola? Questi sono solitamente i clienti migliori.

Quando calcoli il tuo ROI considera che ce ne sono di 3 tipi:

1. **Immediato.** Incassi generati direttamente da una promozione o campagna ben precisa.

2. **A lungo termine.** Questo tiene conto di tutte le vendite generate nel tempo da ogni singolo cliente (ciclo di vita)

3. **Multi-input.** Se la tua pubblicità compare ogni mese tra le pagine di una rivista mensile, noti un aumento delle vendite mese dopo mese? Se è così stai beneficiando dalla ripetizione di questa ad. Può essere che le prime 2 abbiano avuto un ROI negativo, ma

dalla terza in poi inizi a vedere un guadagno crescente. In questo caso devi calcolare il ROI sull'intera durata annuale, non mese per mese.

Il valore di un cliente abituale

La frequenza di acquisto di un cliente abituale dipende dal tipo di attività, un bar avrà una frequenza maggiore rispetto ad un negozio di animali o un negozio di abbigliamento. Individua qual è la frequenza ragionevole per un cliente abituale nella tua attività (più volte a settimana, al mese o all'anno).

Poi, moltiplica lo scontrino medio per questo valore. Ad esempio se la tua frequenza è una volta a settimana e il tuo scontrino medio è 10€, moltiplicando 10€ per 52 avrai il valore di un nuovo cliente abituale in un anno: 520€.

Obiettivo di aumento fatturato

Supponiamo che l'anno scorso hai fatturato 1.000.000 € e quest'anno vuoi aumentarlo del 5% (+50.000 € di vendite).

Per sapere quanti nuovi clienti abituali ti servono per raggiungere l'obiettivo basterà dividere 50.000 € (vendite) per i 520 € (valore cliente). Il risultato è che ti servono 96.1 clienti per generare 50.000 € di vendite in più.

Qual è il tuo tasso di conversione?

Adesso devi capire quanti, fra tutti i nuovi clienti, diventano clienti abituali. Normalmente la percentuale varia tra il 12% e il 25%, talvolta anche il 50%.

Supponiamo che la tua percentuale sia del 25% (1 quarto di tutti i nuovi clienti). Sai che ti servono 96 nuovi clienti abituali per raggiungere l'obiettivo. Moltiplicando 96 x 4 avrai il numero totale di nuovi clienti che devi attirare in un anno (384). Dividendoli per 12, sai che ogni mese dovrai attirare 32 nuovi clienti per raggiungere l'obiettivo annuale del 5% di fatturato in più.

E i vecchi clienti abituali?

Ogni volta che fai una promozione aperta a tutti, non attiri solo i nuovi clienti, ma anche quelli che sono già tuoi clienti abituali.

La parte difficile è capire se quelle persone sarebbero venute comunque pagando il prezzo pieno oppure se sono venute una volta in più grazie alla promozione. Nel primo caso ci perdi, nel secondo ci guadagni. Però, potrebbe valerne comunque la pena, specie se riesci ad acquisire abbastanza nuovi clienti che poi si trasformano in altri clienti abituali.

Facciamo un esempio: fai uno sconto di 2€. Delle 100 persone che ne usufruiscono, 50 erano già clienti abituali che sarebbero venuti comunque, quindi (in pratica) hai perso 100€. Altri 25 erano clienti abituali che sono venuti una volta in più grazie alla promozione e hanno speso 8€ in più del solito sempre grazie alla promo (in totale +200€). Quindi considerando solo i 75 clienti abituali comunque ci hai guadagnato 100€.

Poi, ci sono i restanti 25 nuovi clienti. Considerando sempre il nostro tasso di conversione del 25%, dovrebbero trasformarsi in 6,25 nuovi clienti abituali. Siccome sappiamo che ogni nuovo cliente abituale vale 520€ all'anno, sai che da quella singola promozione (oltre ai 100 €) alla fine guadagnerai 3250 € in più nel corso dell'anno grazie ai nuovi clienti.

Se quella fosse l'unica promozione che fai, per raggiungere il 5% in più di fatturato in un anno, dovresti ripeterla per 14, 15 volte.

VERITÀ N.5

La matematica non è semplice, ma, calcolare correttamente i numeri della tua azienda è essenziale per vincere contro i grandi e aumentare il ritorno su ogni singolo Euro investito.

La complessità del ROI multi-input

Questi calcoli diventano più complicati quando mixi i media. È possibile che un cliente ti abbia visto prima sul giornale, poi abbia ricevuto un consiglio da parte di un amico e poi ti abbia seguito su Instagram. Poi, dopo un mese, decide di venire da te e alla tua domanda "Come ci hai scoperto?" risponde Instagram. Senza gli altri touchpoint, però, questo non sarebbe successo.

Come tracciare i dati

Tracciare i risultati dei tuoi sforzi di marketing è fondamentale per capire cosa funziona e cosa no.

Ci sono 4 modi per aumentare le vendite di un'attività locale:

1. Aumentare i clienti;

2. Aumentare la frequenza di acquisto;

3. Aumentare lo scontrino medio;

4. Convertire gli acquisti attuali in più prodotti o servizi con un margine più alto.

Se il tuo marketing impatta positivamente su almeno uno di questi punti, avrai un ROI positivo. Puoi tracciare questi dati in 4 modi:

1. Il numero di visite al negozio;

2. Il numero di telefonate;

3. Il numero di email o ordini;

4. Il numero di visitatori del sito.

Mentre è facile tracciare le vendite di un e-commerce o una di pubblicità direct response, talvolta risulta più difficile. Vediamo cosa si può fare in questi casi:

- **Coupon cartaceo.** È uno dei modi più semplici per tracciare i risultati. Costa poco e il cliente deve portarlo fisicamente per ottenere lo sconto. Più difficile è determinare se si tratta di un nuovo cliente o di un abituale. Bisognerebbe addestrare lo staff a chiedere se è la prima volta che vengono in negozio (e registrarlo sul coupon stesso, in modo da poterli contare alla fine e sottrarli dal numero totale dei coupon riscattati);

- **Codici sconto, numeri di telefono esclusivi, indirizzi email o url dedicati.** Si possono usare per pubblicità su giornali, radio, social media, cartelloni e posta. In questo modo puoi capire esattamente da dove sono arrivati i clienti e quale Ad sta performando meglio.

VERITÀ N.6

Se non puoi tracciarlo, non farlo. Se non puoi tracciare i risultati del tuo marketing, non potrai mai sapere se sta funzionando o no.

Gestire il tracciamento

I dipendenti hanno un ruolo cruciale in questo processo perché devono fare le domande ai clienti e registrare le risposte. Per semplificare il loro lavoro puoi fare in modo che abbiano sempre a disposizione dei sondaggi da far compilare ai clienti o da compilare autonomamente con semplicità.

Per essere sicuro che i dipendenti svolgano il loro lavoro correttamente puoi incentivare chi produce più sondaggi o mandare dei *mistery shopper* per controllare che tutti rispettino le procedure (magari dando un piccolo premio a chi le rispetta).

VERITÀ N.7

Ci sono molte cose che puoi fare con la pubblicità e il marketing, ma non vuol dire che devi fare tutto ciò che è considerato alla moda o tutto ciò che fanno le grosse aziende. Non tutti pensano al tuo interesse, sta a te tracciare e analizzare il più possibile per capire cosa ha senso nella tua specifica situazione.

CAPITOLO 4

Fai valere di più il tuo budget pubblicitario

I costi pubblicitari aumentano di giorno in giorno. Fare pubblicità costa sempre più e rende sempre meno perché le persone sono ormai immuni ai messaggi pubblicitari. Il tutto diventa ancora più drammatico se abbiamo un prodotto di massa e quindi dobbiamo raggiungere un pubblico ampio.

È sicuramente più semplice ed economico rivolgersi ad una nicchia ristretta di persone, con un messaggio iper-specifico.

Una radicale possibilità

Prova a tagliare il tuo budget pubblicitario a metà.

Il tuo obiettivo adesso è avere gli stessi risultati spendendo la metà del budget, spremi le meningi!

Ecco cosa puoi fare con la restante metà: usa il 10%

per implementare qualche tattica contenuta in questo libro da integrare con la pubblicità attuale. Quello che rimane usalo come vuoi: vai in vacanza, fai un regalo a tua moglie o ai tuoi dipendenti. Non sprecare soldi in pubblicità che non funziona.

Come aumentare la rendita in TV

Cerca di collegare la tua pubblicità al contenuto di un programma televisivo.

Immagina di riuscire a sapere che un programma importante di una rete locale in zona stia organizzando una puntata sullo stile personale con consigli su trucco, parrucco e abbigliamento. Se hai un salone di bellezza o sei un'estetista/parrucchiere, vendi cosmetici/abbigliamento o servizi per la cura della persona, potresti posizionare la tua pubblicità durante lo show. In questo modo raggiungeresti delle persone sicuramente interessate al tuo prodotto/servizio rispetto agli spettatori di un programma di cucina.

Oppure potresti promuovere i tuoi viaggi in crociera durante gli intermezzi pubblicitari delle repliche di Love Boat (con Titanic non credo funzionerebbe!).

Come aumentare la resa del budget

Immagina di vendere condizionatori e avere un accordo con la radio di mandare in onda la tua pubblicità solo quando l'umidità sale sopra il 50% o la temperatura supera i 30 gradi, proprio quando i clienti ne avrebbero più bisogno.

Oppure immagina di promuovere il tuo autolavaggio solo quando le previsioni meteo dicono che ci saranno 2-3 giorni di sole consecutivi.

O ancora, immagina di promuovere un servizio di consegna a domicilio nei giorni di pioggia, quando le persone evitano di uscire sotto il diluvio.

Prima di acquistare spazi pubblicitari su qualsiasi piattaforma devi capire davvero chi sono i tuoi clienti (demograficamente, geograficamente e psicologicamente). Solo così potrai individuare il mezzo più efficace per raggiungerli.

Pubblicità in radio

Talvolta può capitare che ci siano degli orari in radio in cui la pubblicità costi davvero poco o niente.

Dopo aver negoziato il prezzo della pubblicità sugli orari per me migliori, io chiedo sempre se è possibile mandarli gratis in onda anche negli orari che non vuole nessuno, qualcuno accetta!

Un consiglio che do sempre ai miei clienti con un budget limitato è di non spendere mai per la stazione radio più importante della città. Il motivo è semplice, sono i più importanti e quindi è più difficile che ti facciano un buon prezzo. Spesso, la stazione n.1 ha al massimo il 20% degli ascoltatori totali, questo vuol dire che puoi potenzialmente comprare il restante 80% del mercato usando tutte le altre stazioni e magari spendendo meno.

Il fattore determinante per scegliere una stazione è il CPM (Costo per migliaia) ovvero il costo per raggiungere 1000 ascoltatori della tua audience.

Supponiamo che la tua target audience siano donne comprese tra i 25 e i 54 anni. La radio n.1 in città potrebbe non essere quella giusta per questo segmento di persone. Scegli molto bene il canale o sprecherai solo soldi.

Frequenza. Solitamente perché un messaggio pubblicitario in radio sia efficace è necessario che venga ascoltato almeno 5 volte. Se la stazione che hai scelto è troppo costosa per avere questa frequenza devi scegliere una fascia oraria più economica o cambiare stazione. Non diminuire mai la frequenza.

Un paio di esempi creativi

Una pizzeria in Colorado aveva una piccola pubblicità sulle pagine gialle che andava benissimo. Ad un certo punto, nella loro zona, è arrivato Domino con un budget superiore e delle Ad ben più grandi e visibili.

A quel punto il proprietario della pizzeria ha creato una campagna che diceva questo: "Chi strappa e ci porta la pubblicità di Domino delle pagine gialle riceve una pizza gratis!". Dopo un po' le Ad di Domino erano introvabili su qualsiasi elenco delle pagine gialle.

Oppure senti questa storia di un servizio di noleggio con conducente chiamato "Non lo so". Quando il centralino chiedeva al cliente: "Quale fornitore vorresti?", la risposta era spesso "Non lo so".

Sono esempi estremi, però rendono l'idea di ciò che vuol dire ragionare e cercare soluzioni creative ai problemi.

CAPITOLO 5

Strategie di vicinato

Il marketing di un'attività locale, ovviamente, deve concentrarsi sul vicinato e l'area geografica che può servire con i suoi prodotti o servizi. I mass media hanno quasi sempre dei costi proibitivi.

Ci possono essere molte tattiche differenti, ma non tutte funzionano bene in ogni situazione. Il tuo compito è quello di trovare idee per approfittare di ogni opportunità di promozione a costo zero (o quasi) per generare nuovi clienti e renderli ricorsivi nel tempo. Ma, soprattutto, hai bisogno di un potere esecutivo notevole, non puoi permetterti di sbagliare nell'esecuzione.

VERITÀ N.8

La maggior parte dei piani marketing e delle strategie a livello locale non fallisce per la mancanza di buone idee, ma a causa della scarsa esecuzione e mancato follow-up. L'impegno e la costanza sono più importanti della creatività.

Implementare un piano

È importantissimo che la persona (o le persone) che implementano il piano siano interni all'azienda. L'ideale sarebbe farlo fare al titolare o al manager, per questi motivi:

- Se devi pagare qualcuno per farlo, non ci stai dentro nei costi;

- Per scovare tutte le possibili opportunità di pubblicità gratis o a basso costo devi essere immerso nella community in cui operi. Un esterno non potrà mai farlo al tuo posto;

- Mentre questi programmi crescono e si sviluppano, il manager/titolare diventa sempre più conosciuto nella comunità e questo aspetto è una leva fondamentale che permette di potenziare il messaggio pubblicitario.

Gli errori più comuni

1. Non darsi abbastanza tempo per sviluppare il piano;

2. Non fornire training e supporto alle persone che devono occuparsi dell'implementazione;

3. Affidarsi ad agenzie esterne che non hanno esperienza con le strategie di local marketing e che quindi creano complicazioni inutili e dannose.

4. Mancanza di procedure o scarsa attenzione nell'esecuzione delle stesse;

5. Aspettarsi risultati immediati e irrealistici.

CAPITOLO 6

Tattiche di vicinato

In questo capitolo vedremo delle tattiche che ti forniranno qualche spunto. Il tuo compito è sforzarti di adattarle al tuo settore, con le dovute modifiche. Chiaramente, non tutte si potranno usare in tutti i settori, però, più ci ragioni su e più imparerai a trovare soluzioni creative.

Stretta di mano e biglietto da visita

In un periodo di 11 settimane, la manager di un negozio di generi alimentari ha consegnato 200 biglietti da visita a persone che non riconosceva come suoi clienti. Ne ha consegnati 10 al giorno; su ognuno ha scritto a mano "bibita o caffè gratis" e l'ha firmato. Mentre consegnava i biglietti diceva, dopo essersi presentata adeguatamente, "Se vieni ti offro una bibita". Di 200 consegnati 51 hanno accettato l'invito, più del 25%. Ovviamente, durante la prima visita hanno comprato anche altre cose e alcuni di questi sono tornati più volte.

Questo tipo di promozione funziona molto bene perché si crea un rapporto personale tra cliente e proprietario. A chi non piacerebbe conoscere le persone con cui fanno affari? Ci fa sentire speciali.

Proprio per questo è importante utilizzare il biglietto da visita, non dei volantini promozionali creati ad hoc. La scrittura a mano e la firma fanno la differenza!

La promozione del finestrino

Un broker finanziario di successo usava questa tattica. Spesso viaggiava su un tratto di strada con pedaggio (1$) e prima di pagare al casello guardava la vettura dietro di lui.

Se si trattava di una macchina di lusso, pagava anche la tariffa dell'altro automobilista. Poi, consegnava al casellante il suo biglietto da visita con su scritto: "Se pensi che questo sia un modo interessante per catturare la tua attenzione, pensa cosa potrei fare per il tuo portfolio finanziario". Così facendo ha ottenuto molti clienti.

L'estrazione dei biglietti da visita

Se tra i tuoi clienti ci sono molti professionisti, puoi pensare di fare l'estrazione dei biglietti da visita. Basta creare un angolino con un contenitore trasparente e decidere di estrarre uno o più premi. Le info contenute nei biglietti possono essere sfruttate per scopi commerciali come newsletter, promozioni o fini statistici. Ovviamente, se alcuni clienti vogliono participare ma non hanno un biglietto da visita possono comunque scrivere nome, email e indirizzo su un pezzo di carta.

Dopo un po' di settimane estrai i vincitori e raccogli tutti i dati. L'ideale sarebbe prendere una mappa della tua zona e inserire una puntina per cliente, per renderti conto di quali zone sono più presidiate e quali meno. Per evitare confusione andrebbero fatte due diverse promozioni: una con i biglietti da visita (o informazioni lavorative) per identificare le aziende potenzialmente interessanti e un'altra con le informazioni personali (indirizzo di casa). In questo modo puoi mappare scientificamente tutte le zone della tua città e decidere su quali intervenire in maniera più incisiva.

Queste informazioni possono essere utili anche per decidere su quali giornali/radio/tv locali investire o dove posizionare i cartelloni.

Promozioni incrociate e partnership

Non è sempre facile trovare il tempo di incontrarsi con altri commercianti della zona per creare nuove promozioni. Senti cosa ho fatto per questo mio cliente, un'officina specializzata nel cambio veloce dell'olio.

Un giorno nella sala d'attesa ho notato un signore ben vestito e abbiamo iniziato a chiacchierare. Così ho scoperto che si era trasferito da poco in zona e che era un manager della sede di John Deere a circa un miglio da lì. Era molto soddisfatto del servizio, allora gli ho chiesto se era interessato ad offrire un benefit gratuitamente ai 300 dipendenti della sede.

Impostai allora una VIP card che offriva il 10% di sconto sul cambio olio a tutti i dipendenti per un periodo di 3 mesi. Queste VIP card includevano anche il logo di John Deere e l'unica condizione era l'inserimento della promozione all'interno della busta paga, per essere sicuri che tutti ne ricevessero una.

Più conosci i tuoi clienti, più opportunità avrai per promuovere la tua attività.

Oppure prendiamo il caso i Jason, il manager di un negozio di fumetti. Al momento dell'uscita del sequel di Batman decise di impostare una promozione con il cinema durante il periodo di proiezione di *"Batman returns"*. Con ogni biglietto venduto veniva consegnato uno sconto di un dollaro su una spesa di 10 su tutti i gadget di Batman.

Il cinema ha consegnato 10.000 coupon, di questi 150 sono stati utilizzati e 50 sono diventati clienti abituali, spendendo una media di 10 dollari a settimana.

Quindi, con una spesa di soli 100$ Jason ha generato ben 26.000 $ di fatturato annuale! Ora non deve far altro che ripetere la promozione con Catwoman, X-Men, Spiderman, ecc.

Le 3 I nella cross-promotion

- **Investimento.** La cosa più costosa di qualsiasi pubblicità è comprare lo spazio pubblicitario per raggiungere i tuoi clienti potenziali. Con una cross-promotion, invece, la diffusione del messaggio è gratis; anche il costo di produzione è minimo;

- **Influenza.** La cross-promotion ti dà la stessa precisione geografica di una campagna di posta massiva perché riguarda le persone che frequentano una determinata zona. Se vedi che c'è una zona dove hai pochi clienti perché c'è un competitor ben affermato, puoi creare delle promozioni chirurgiche, rivolte a persone che si trovano abbastanza distanti (vedremo perché). Immagina un cliente che aspetta il cambio dell'olio e nella sala d'attesa vede dei volantini con su scritto "Cookie a 99 cent". Va nel bar affianco e dopo aver pagato il cookie riceve uno sconto di 2$ sul cambio olio da presentare alla fine del servizio. Bello, vero? Peccato che le due attività in questione hanno cannibalizzato i clienti già fidelizzati, quelli che avrebbero pagato per intero comunque, erodendo il guadagno senza fidelizzare nuovi clienti. Per questo è importante rivolgersi a persone da più lontano (almeno un miglio) perché normalmente non verrebbero da te;

- **Integrity.** Uno dei più grandi vantaggi di queste promozioni è che si protegge la cosiddetta *"price integrity"* perché lo sconto viene consegnato dal negoziante partner, quindi è come se la responsabilità fosse sua. Se lo sconto lo dai tu ai clienti direttamente, invece, potrebbero presto assuefarsi e non voler più pagare il prezzo pieno.

Come impostare la promozione

Come si fa a convincere un negoziante a distribuire la tua pubblicità gratis? Ecco un esempio di ciò che puoi dire:

Mi chiamo X del negozio Y qui vicino. Ho visto una promozione che ha funzionato bene e volevo proporla anche a te. (Se possibile far vedere un esempio dell'altra promozione). Vorrei darti l'opportunità di offrire qualcosa in più ai tuoi clienti, un modo per ringraziarli per la loro fedeltà. Cosa ne pensi?

Spesso a questo punto ti chiederanno quanto costerà e tu risponderai "Niente!". Affare fatto!

Ora rimane solo capire quanti clienti ha il negozio per sapere quanti biglietti stampare e una copia del loro logo (da stampare sul biglietto).

Sul biglietto basta scrivere qualcosa tipo "Questo è un grazie speciale di (logo negozio) firmato (nome proprietario/manager)"

La cross-promotion inversa

Ti racconto la storia di come un gioielliere dell'Indiana è riuscito a impedire ai suoi clienti di fare il giro delle gioiellerie per scegliere l'anello di fidanzamento attraverso un "pacco matrimonio".

Il manager è andato da tutti i suoi amici che avevano a che fare con la filiera del matrimonio. Gli ha chiesto quanto fosse importante per loro avere accesso a coppie che stavano per sposarsi. Ha chiesto loro di fare un'offerta esclusiva per i suoi clienti. Raccolte tutte le offerte le ha messe in una bella busta simile ad una partecipazione e ha così creato il pacchetto da offrire ai clienti che avrebbero comprato subito un anello di fidanzamento da lui.

Il valore di questo pacchetto era di circa 1000$ e includeva salone di bellezza, affitto limousine, agenzia viaggi, fioraio, abiti da cerimonia, fotografo, pasticceria, perdita peso, ecc.

Quando una coppia era un po' incerta a causa del prezzo dell'anello partiva all'attacco: "Se lo prendi oggi, hai in omaggio questo pacchetto del valore di 1000$". Così facendo ha chiuso molte più vendite a costo zero!

Come si fa coi professionisti?

Senti la strategia che ha usato una rappresentante di farmaci. Sapeva che la metà dei 400 dottori suoi clienti giocavano a golf, ma non aveva budget per comprare degli omaggi da regalare. Andò allora da un negozio di accessori da golf e chiese loro quanto fosse importante acquisire qualche centinaia di dottori golfisti come clienti. Il manager del negozio sapeva che ogni dottore gli avrebbe fruttato circa 2000$ di fatturato in 18 mesi. La rappresentante si fece dare

200 coupon per una confezione di palline da golf Titlist, valore commerciale 25$. Il coupon aveva una durata di 2 settimane dalla consegna in persona al dottore. Fu un enorme successo.

Stessa cosa fece per ingraziarsi le segretarie dei dottori offrendo 100 manicure gratis in partnership con un salone di bellezza appena aperto in città.

Promozioni stagionali

Ci sono attività che beneficiano più di altre dei picchi stagionali: fiorai, gioiellerie, pasticcerie, fotografi. Se sei tra queste categorie ti conviene approfittare di occasioni come Natale, San Valentino, Pasqua, festa della mamma, ecc.

Se vuoi più esposizione ad inizio anno puoi fare una cross-promotion con aziende che hanno a che fare con i "buoni propositi" come perdita peso, palestre, ecc. Ad Halloween puoi farlo con un negozio di affitto costumi.

È importante pianificare 3 mesi in anticipo per essere sicuro di avere tutto pronto e organizzato.

Il loop di competitor

La prima volta che ho usato questa promozione era quando possedevo delle quote di un nightclub. Sapevamo che molti dei nostri clienti abituali passavano da molti altri locali nella stessa sera (fino a 20 per serata).

Abbiamo così creato un circuito (loop) di 6 locali. Ognuno di noi 6 dava un coupon all'uscita dal locale valido per gli altri membri del circuito, in modo da evitare la dispersione in locali fuori dal circuito e aumentare le vendite dei locali partner.

Un altro esempio è stato quando 2 fast food (uno nazionale e l'altro regionale) hanno visto arrivare un nuovo competitor nella loro zona. Hanno deciso di coalizzarsi per ostacolarlo, con queste iniziative:

- Durante la settimana prima dell'apertura i due ristoranti si promuovevano a vicenda con volantini;

- Hanno chiuso entrambi per mezza giornata durante l'inaugurazione del nuovo competitor mettendo un cartello fuori "Siamo chiusi in onore del nostro nuovo vicino. Andate lì!". Dato che sicuramente non si aspettavano il 100% dei clienti della zona durante l'open day, probabilmente avrebbero avuto difficoltà a servire tutti in tempo.

Il potere delle cross-promotion va oltre l'economicità dell'operazione perché risulta molto più credibile che una pubblicità sui mass media.

CAPITOLO 7

Qual è il tuo vero business?

In qualità di ospite di molti seminari ho incontrato più volte il presidente Bush "padre". La prima volta che l'ho incontrato abbiamo parlato brevemente. Un mese dopo l'ho rincontrato e mi ha chiesto come andavano i miei libri e le gare di cavalli, infine mi ha anche domandato cosa ne pensavo di una notizia sul mondo della pubblicità.

Quando ho chiesto alla moglie Barbara come facesse a ricordare tutto ciò mi ha risposto che:

- ha allenato la memoria;

- creava note su tutti quelli che incontrava, in modo da poterla rinfrescare prima di incontrarli di nuovo;

- era il suo dovere in quanto politico;

- non si può mai sapere di chi avrai bisogno per qualche favore o donazione.

Quindi, ora ti faccio la domanda da un milione di dollari: qual è il tuo vero business?

Molti confondono il servizio/prodotto che offrono

(*deliverables*) con il loro business. Se hai un ristorante penserai di essere nel business della ristorazione, ma sarebbe sbagliato. Prendi Bush, sapeva che il fatto di governare era la sua *deliverable* ma il suo vero business era creare relazioni, raccogliere fondi, influenzare e tutto ciò che riguardava l'aspetto locale e personale.

Molti Marketer "NO B.S." prima di tutto si pensano come marketer nel settore del marketing, solo dopo come marketer di ristoranti o centri estetici, ecc.

Non solo, usano il marketing in modo da creare una relazione personale a livello locale con i clienti.

Purtroppo, non sono molti gli imprenditori che hanno voglia di fare tutto il necessario per immunizzare la propria azienda dalla distruzione dei prezzi online e delle grandi catene.

Una delle chiavi per avere un'azienda immune a tutto ciò è la costruzione costante di relazioni personali con i propri clienti e con la comunità in cui si opera.

La piccola libreria del mio paese non può competere con la grande selezione di titoli, facilità di acquisto e sconti di Amazon. La loro unica immunità è che mi piace andare lì, ascoltare quali libri hanno scelto di presentare e perché, scoprire titoli che non avrei cercato e far parte della comunità.

CAPITOLO 8

Nelle 4 mura

Alcune delle migliori idee di "marketing della porta accanto" si possono fare direttamente all'interno dell'azienda. Il vantaggio è che sei tu ad avere il totale controllo sull'implementazione, senza intermediari e l'investimento di tempo è minimo.

Il concorso dei dipendenti

È molto semplice e può essere fatto più volte all'anno.

Prima di tutto crea un forte sconto, deve essere meglio di uno sconto normale. Questo certificato deve contenere in fondo la firma del dipendente e la data.

Un nostro cliente ha ricevuto 942 visite da questa promozione, di cui 250 nuovi clienti. La loro conversione da nuovo cliente ad abituale è del 27%; questo significa che, di questi 250, ben 67 diventeranno clienti abituali al valore di 500$ all'anno.

Quindi, per i 12 mesi successivi alla promozione, il nostro cliente ha aggiunto 33.500$ al suo fatturato, con un costo ridicolo di circa 50$.

Funziona così: la partecipazione è volontaria e possono partecipare tutti i dipendenti. Consegni 50 biglietti ciascuno e li fai firmare, spiegando che devono distribuirli nel loro tempo libero, possibilmente lontano dal locale (per raggiungere più nuovi clienti possibile).

Quando i clienti si presentano in sede, si ritira il biglietto, ogni settimana si conta chi ne ha ottenuti di più e si designa il vincitore, che riceverà un premio a tua scelta pattuito precedentemente (buoni sconto presso altre aziende, giorni liberi extra, ecc).

Customer Referral (referenze)

Facciamo un esempio: per una palestra o similari, con ogni nuovo cliente o abbonamento si potrebbero dare 3 coupon referral per una settimana gratis oppure 2 lezioni gratis. Il nuovo membro scrive data e firma sul coupon da dare ad amici e parenti. Per ogni persona che si iscrive in seguito al programma, il referente riceve uno sconto (un mese gratis o un premio in denaro). Se il cliente è così bravo da usarli tutti e 3 se ne possono dare altri (virtualmente all'infinito...).

Come per il concorso dei dipendenti, anche qui si possono premiare, magari annualmente, i clienti che hanno fatto più referral, cercando di incentivarli ancora di più.

Suggerimenti di vendita

Può essere semplice come dire: "Vuoi anche le patatine?" oppure leggermente più complicato. Ti faccio un esempio di un mio cliente ristoratore: per incentivare lo staff a vendere più dessert ha creato un concorso dove il miglior cameriere vinceva un dessert da lanciare in faccia a lui. Questa tattica ha avuto un successo incredibile perché i camerieri si impegnavano davvero a suggerire il dessert, non era una forzatura, anzi per loro era puro divertimento!

Premia chi rispetta gli appuntamenti

Quanto ti costano i bidoni, quelli che non rispettano gli appuntamenti? Abbiamo stimato che per un dentista può costare fino al 30% del fatturato. Nel caso di un nostro cliente ammontava a circa 130.00$ all'anno, quindi abbiamo deciso di spenderne 10.000$ per contrastare questo fenomeno. Ecco cosa abbiamo messo nel nuovo programma:

- 6 mesi prima di iniziare abbiamo iniziato a promuovere il programma con i clienti;

- Ogni paziente deve avere sempre 2 appuntamenti consecutivi di check up;

- Se cancellano, spostano la data o non si presentano, vengono squalificati;

- Tutti i pazienti si ritrovano per una festa di fine anno;

- Il paziente deve seguire le indicazioni di trattamento;

- Si estrae un vincitore di un gran premio finale durante la festa.

Nel caso in cui un cliente telefoni per spostare l'appuntamento, molto spesso basta ricordargli che verrà squalificato per il gran premio finale per fargli cambiare idea (succede nei 2/3 dei casi).

Esposizioni reciproche

Senti qua: una negozio di accessori da immersione ha allestito una vera e propria vetrina all'interno di un'agenzia viaggi, vicino al cartellone che promuoveva crociere con punti di immersione panoramica.

Oltre ai manichini tutti attrezzati c'era la promozione di una lezione gratis per chiunque avesse acquistato una crociera. Così facendo il negozio di accessori ha aumentato la sua esposizione raggiungendo un pubblico di clienti potenziali che, diversamente, non lo avrebbe considerato come un'opzione.

Questa promozione può essere utilizzata da tantissime attività diverse e può potenziare ancora di più una già profittevole cross-promotion, come quelle che abbiamo visto in precedenza.

Cartelli interni

Se hai una sala d'attesa o una reception utilizza tutto ciò che puoi per rafforzare la tua autorità verso clienti e curiosi. Lettere di ringraziamento, articoli, premi... metti tutto bene in vista!

Promozioni "pelose"

Un fast food in North Carolina ha creato questa promozione: "I cani mangiano gratis". In pratica, raccolgono tutto il cibo rimasto nei piatti dei clienti e lo impacchettano in comode porzioni da consegnare ai proprietari dei cani insieme al cibo ordinato. La promozione è fatta in un giorno specifico della settimana e fidelizza un bel numero di clienti. Costo della promozione? Zero.

Peggior tavolo del locale

Il proprietario di un piccolo café aveva un tavolo odiato da tutti vicino alla porta. Ha deciso di battezzarlo, il peggior tavolo del locale, offrendo uno sconto del 50% sul conto a chiunque si fosse seduto a consumare lì. Successo istantaneo di passaparola. Alcune sere la gente aspettava 45 minuti per quel tavolo! (Interessante storia per i giornali!)

Blitz di quartiere

Una nuova banca locale decise di tastare il terreno mandando i suoi manager nelle attività in zona con un regalino, una tazza con il logo della banca. Nel caso in cui avessero trovato il proprietario dell'azienda, avrebbero semplicemente chiesto cosa desideravano migliorare del servizio bancario al quale si affidavano. In questo modo era semplice capire se c'era opportunità per loro di inserirsi nelle crepe dei competitor.

CAPITOLO 9

La posta per vendere

Ancora oggi la pubblicità per posta funziona benissimo, anche gli e-commerce più famosi la usano, quindi non ascoltare quelli che dicono che non serve.

Con la posta puoi fare cose che con altri mezzi sarebbero impossibili.

Micro targeting

Prendiamo la "regola delle 5 case". Supponiamo che vendi moquette e hai appena rinnovato la casa di Bob e Linda. Gli abitanti delle 5 case più vicine a quella appena rinnovata diventano dei prospect molto interessanti perché conoscono Bob e Linda, che possono diventare i tuoi referenti.

Ma esiste un modo più efficace di sperare che loro promuovano l'azienda per te, grazie alla posta. Puoi scrivere una serie di 3 *sales letter* che testimonia la soddisfazione di Bob e Linda per il tuo servizio e offre uno sconto a loro in quanto vicini di casa. Lo stesso principio può essere applicato a ristoranti, negozi, parrucchieri, assicurazioni, ecc.

In media, uno ogni 5 risponde all'offerta e ti "sblocca" altre 5 case vicine e così via.

Raggiungi i nuovi vicini

Quando una persona si trasferisce, di solito deve ricominciare da zero per trovare medico, ristoranti, supermercati e negozi di fiducia.

Se riesci in qualche modo ad intercettare questi nuovi vicini, potresti avere un vantaggio unico sulla concorrenza, specie se operi in una zona molto dinamica dal punto di vista degli affitti. Quello che io propongo sempre ai miei clienti è di creare un evento per i nuovi vicini, aperto a tutti o solo ai nuovi arrivati. In base alla zona in cui operate può essere fatto ogni mese, ogni 3 oppure 6 mesi.

È un'occasione per conoscersi con cibo e bibite gratis, estrazioni a premi, ecc.

Per essere sicuro di lasciare il segno puoi andare direttamente a bussare alla porta dei nuovi vicini e invitarli personalmente.

La pasticceria di un mio cliente opera in una piccola comunità eppure ha una persona incaricata esclusivamente della consegna di pasticcini freschi ai nuovi residenti e ai nuovi business della zona. Si presenta solo con questo regalo di benvenuto, senza sconti. Il giorno dopo ricevono una lettera con un coupon a scadenza e quasi tutti lo riscattano, perché hanno prima ricevuto un regalo gentile.

Combinare regalo e coupon in quest'ordine fidelizza e genera vendite molto di più che fare solo una delle 2 cose singolarmente.

I 2 più grandi vantaggi della posta

Prima di tutto puoi essere dove nessun altro ha il coraggio o la voglia di andare. Puoi mostrarti in modo inusuale e drammatico spedendo oggetti strani e simpatici. Ecco la lista di cose che ho spedito negli anni:

- guanti da forno

- giocattoli

- cestini della spazzatura

- aspirine

- lenti d'ingrandimento

- orologi

- scarpe

- pupazzi

- gomme giganti "per grandi errori"

- biscotti

Alcuni dei temi che puoi usare:

- Attenzione: le informazioni contenute sono *"too hot to handle"* troppo calde da maneggiare (gioco di parole che in italiano non ha senso);

- È arrivato il momento di gettare tutte le vecchie convinzioni su...

- Se il tuo fornitore di X attuale ti sta facendo venire il mal di testa

- Il tempo sta scadendo

Il secondo vantaggio è che puoi avere l'attenzione che nessun altro media ti potrà mai dare.

Qualsiasi sia il tuo business puoi creare un "pacco shock" da inviare a chi chiede più informazioni. Con un mio cliente nel settore delle ristrutturazioni abbiamo creato un pacco con:

- informazioni scritte in una sales letter di 12 pagine

- un DVD con le immagini dei lavori svolti per altri clienti, con le loro testimonianze

- una bustina di popcorn e 2 birre da consumare per la durata del DVD

- una guida punto per punto sulla ristrutturazione

- una garanzia di 5 anni firmata a mano dal titolare

Considerando che i clienti, normalmente, contattano più di una ditta prima di decidere, secondo te chi si guadagnerà la loro attenzione e la loro fiducia?

Raccomandazione via posta

Un giorno ho ricevuto una lettera con l'indirizzo scritto a mano da un mio conoscente. L'ho subito aperta e letta, ero curioso.

Piccola nota: non dare mai per scontato che la lettera che invii venga recapitata, aperta e letta. Fai sempre tutto il possibile perché queste 3 cose avvengano.

La lettera iniziava così: *Ciao, è da un po' che non ci sentiamo e questa lettera potrebbe sembrarti un po' strana, ma ti scrivo riguardo al mio idraulico.*

Continuando, spiegava di come questo idraulico avesse risposto prontamente ad un'emergenza prima di una festa importante, salvando l'evento. Poi, spiegava come, in case più vecchie di 5 anni, questo tipo di problemi poteva succedere da un momento all'altro, creando disagi fastidiosi e costosi. Infine concludeva suggerendo di chiamarlo per un'ispezione in modo da non dover mai vivere quella brutta esperienza.

Questo tipo di raccomandazione funziona molto bene se il cliente soddisfatto è una persona rispettabile e con una certa influenza su un gruppo di persone, anche piccolo, perché il ritorno sull'investimento è altissimo.

CAPITOLO 10

Investimenti digitali

Ormai, tutti sono su internet, un mondo scintillante e in continuo cambiamento. In questo capitolo vedremo come valutare bene le spese in base al bisogno, evitando di buttare soldi in un buco nero.

Il sito web

Partiamo col dire che tutti abbiamo bisogno di un sito. Molti potenziali clienti vogliono visitare il sito prima di decidere se sei la scelta giusta per loro. È importante, però, non farsi trascinare in spese pazze, creando siti più complicati di ciò che ti serve realmente.

L'importante è che sia pulito, facile da navigare, veloce e con tutte le informazioni di cui i clienti possono aver bisogno. Dovresti essere in grado (tu o un tuo dipendente/collaboratore) di apporre modifiche o aggiungere informazioni come foto e orari senza dover chiedere al tecnico, l'autonomia è fondamentale.

Ora che hai un sito web devi portarci il traffico, non ci

arriverà automaticamente. Puoi farlo in diversi modi:

- SEO (Search Engine Optimization). Segui le regole previste dalla SEO affidandoti a esperti del settore e SEO copywriter;

- Google Ads. La pubblicità di Google;

- PR. Affidati ad agenzie di PR che promuovano il tuo sito in base ai tuoi obiettivi (Capitolo 12)

Coupon sul web

Pensa a Groupon o i gli sconti di The Fork o Booking. Molto spesso sono degli sconti che non permettono di avere un ricavo adeguato, ma puoi sfruttarli in modo intelligente.

L'obiettivo dovrebbe essere di far conoscere il tuo business a nuovi clienti senza spendere in pubblicità. A quel punto tocca a te fare di tutto per far tornare quei clienti e fidelizzarli. Calcola bene quanto sconto puoi fare e per quanto tempo.

Se hai avuto un grande ritorno da una promozione via Groupon, non ripeterla per almeno un altro anno, non avrebbe senso andare a colpire nuovamente le stesse persone che ti hanno appena scoperto. A meno che non sia un'offerta per un servizio totalmente diverso.

CAPITOLO 11

Outdoor advertising

La pubblicità all'aperto è probabilmente una delle forme più antiche. Può essere molto costosa, per questo vedremo come massimizzarne l'effetto.

Veicoli brandizzati

Puoi pubblicizzare il tuo business con dei mezzi sui generis, come ha fatto il nostro cliente di un'azienda di assistenza computer. Ha comprato un Maggiolino Volkswagen giallo con il loro logo "Help! Wizards" (Aiuto! Maghi) scritto su entrambi i lati. Almeno una persona a settimana chiama per aver visto il maggiolino in giro per la città.

Non sottovalutare i cartelli magnetici da apporre sul veicolo in determinati momenti dell'anno o per specifiche promozioni.

Se usi il tuo veicolo per pubblicizzarti, assicurati che sia sempre pulito e, quando non in uso, parcheggiato in zone con molto traffico.

Cartelli nei giardini

Il 75% dei lavori di ristrutturazione vengono generati dai classici cartelli messi nei giardini delle case dove si stanno effettuando i lavori. Più di qualsiasi altra pubblicità. Costano poco, sono riutilizzabili e creano una fiducia incredibile perché c'è la prova che qualcuno che conosci (il tuo vicino) si fida di quell'azienda.

Ovviamente bisogna chiedere il permesso al cliente per farlo, ma può essere un'espediente per mettere a tacere una contrattazione sul prezzo. Data la grandezza ridotta di questi cartelli, il messaggio deve essere semplice e leggibile: cosa fai e il numero di telefono.

Questo tipo di cartelli funziona solo per servizi che migliorano la casa, non per cose imbarazzanti come disinfestazioni, bonifiche materiali tossici, ecc.

Cartelloni

I più costosi di tutti sono loro, i cartelloni giganti. L'unico modo per capire se ti sono utili è provare e tracciare quante persone chiamano al numero di telefono esclusivamente dedicato, ad esempio.

In genere, prima di scegliere la posizione, è consigliabile fare un passaggio in macchina nei dintorni della zona del cartellone per capire come le persone possono interagire: distanza, tempo di lettura, ostacoli alla vista, illuminazione, ecc. Chiedi se l'agenzia ha degli spazi che costano meno o che non riescono ad affittare e trova soluzioni creative.

VERITÀ N.9

I cartelloni sono utili solo se i guidatori possono leggerli: massimo 6 parole, font leggibile e messaggio semplice. Se non puoi farlo, non sprecare così i tuoi soldi.

Elementi gonfiabili e costumi

Se hai una location abbastanza centrale, degli elementi gonfiabili o delle "mascot umane" possono portare tantissima attenzione all'ingresso della tua attività. Specialmente in determinati periodi dell'anno con un flusso maggiore di persone, come ad esempio le festività più importanti.

CAPITOLO 12

PR/news locali ed eventi

Ricevere pubblicità tramite PR e news locali può avere un impatto maggiore della semplice pubblicità. La tua storia diventa parte dell'intrattenimento, che è la vera ragione per cui si legge una rivista, si ascolta un programma alla radio o si guarda un programma TV.

La cosa più difficile è rendere la tua storia interessante al punto che i reporter la vogliano condividere autonomamente per intrattenere la loro audience.

Un altro svantaggio é che non puoi controllare cosa dicono di te nell'articolo, come invece faresti per una sponsorizzazione. Sono proprio questi motivi a renderla così potente e credibile rispetto alla pubblicità.

Se pensi di non farcela da solo devi affidarti ad un'agenzia PR che abbia dei buoni contatti a livello locale o nazionale, dipende dal tuo obiettivo.

La cosa più importante è tracciare i risultati: queste

campagne possono risultare costose, quindi è fondamentale trovare un modo di tracciare quante vendite generano (landing page dedicata, numero di telefono esclusivo, ecc.).

Come generare interesse

Ci sono diversi modi per generare pubblicità: una grande apertura, cambio manager, nuovi prodotti o servizi, raccolta fondi.

Si può anche strutturare l'evento in modo che catturi l'attenzione dei media: se sei stato intervistato in TV puoi usare una foto di te col giornalista per pubblicizzare l'evento oppure puoi invitare degli ospiti importanti a livello locale.

Cerca di stabilire un contatto con le testate locali e fornire loro abitualmente delle storie interessanti, potresti diventare il punto di riferimento a livello locale, un esperto del settore.

Vendere durante gli eventi

Chiunque può vendere durante gli eventi di marketing, che siano seminari, workshop oppure dei veri e propri party per ringraziare i clienti. Ecco alcuni consigli per essere sicuro di sfruttare al massimo il tuo evento:

- Non aspettarti che l'evento si riempia da solo,

devi pubblicizzarlo adeguatamente;

- Pianifica e pubblicizza per tempo, a livello locale ci vogliono dalle 3 alle 8 settimane di anticipo;

- Incentiva le persone a prenotare il biglietto, in modo tale da prendere i dati e iniziare una sequenza di email informative sull'evento e che creano curiosità;

- Se stai svolgendo l'evento in una location diversa dalla tua sede/ufficio, scegline una con un ampio parcheggio, facile da trovare, abbastanza carina ma non eccessivamente lussuosa;

- Se riesci a creare un evento a tema che sia divertente e inusuale, fallo senza paura. Creerai molto più interesse e passaparola;

- Evita di creare un evento noioso, studia pause tattiche e momenti di intrattenimento, anche se brevi.

Voglio portarti un esempio di "evento collaborativo" realizzato in uno shopping village per il rilascio del nuovo libro di Harry Potter.

I commercianti hanno creato un evento serale in cui tutti restavano aperti oltre l'orario, negozi e ristoranti, e ognuno di loro vendeva gadget o snack a tema. I bambini che si presentavano in costumi tematici ricevevano il libro scontato.

Grazie alle liste contatti dei singoli negozi e ristoranti, avvisate per tempo dell'evento, tutti i partecipanti hanno beneficiato della collaborazione e della visibilità reciproca. Data l'eccezionalità dell'evento, molti clienti hanno invitato amici e parenti a partecipare e i commercianti hanno ottenuto molti nuovi clienti.

L'ultimo esempio che voglio portarti è quello di una caffetteria di Tampa in Florida. Hanno chiamato questo evento "Giornata di apprezzamento dei clienti" e offrono il 50% di sconto su tutto.

Hanno previsto intrattenimento, cibo e bibite a volontà e hanno organizzato tutto in modo che il servizio sia sempre eccellente. Il potere di una promozione di questo tipo è che si spingono molti nuovi clienti a provare la nostra attività.

Il prezzo è talmente basso che è chiaro che si tratta di un evento singolo e isolato e non va ad intaccare la cosiddetta *"price integrity"*.

In quel giorno le vendite sono triplicate e i clienti quadruplicati. Nel mese successivo all'evento le vendite sono aumentate del 13% perché metà dei nuovi clienti sono ritornati e hanno acquistato qualcosa successivamente. Per raggiungere questi risultati con la pubblicità, l'investimento sarebbe costato sicuramente molto di più.

Puoi anche decidere se creare degli eventi più piccoli per riempire i giorni più lenti della settimana.

Come sempre, trova il modo di tracciare tutti i dati della promozione, per capire cosa ha funzionato e cosa no, definendo sempre il ROI della promozione.

Note

Questa sintesi di *"Grassroots marketing for local small business"* è stata attentamente curata per diffondere i principi del Kennedy pensiero in italiano. Fa parte della famosissima collana di libri *"No B.S."* (traducibile come "No fuffa") creata da Dan Kennedy.

Dan Kennedy è uno dei più influenti e importanti protagonisti del marketing a risposta diretta e, purtroppo, i suoi libri sono disponibili solo in lingua inglese.

Sebbene questa sia una versione estremamente sintetica e priva delle immagini originali, siamo convinti che possa funzionare da trampolino di lancio per coloro che non conoscono bene l'inglese, ma che desiderano approfondire e applicare il suo pensiero.

Lo scopo di questa sintesi è puramente divulgativo, non vogliamo in nessun modo sostituirla al libro originale di Dan Kennedy (acquistabile su Amazon dal QR code).

Il team di Concentrato Edizioni